I0013047

Commencer Un Blog Aujourd'hui Pour Faire De Grosse Somme d'Argent

Un Guide Étape Par Étape Pour Les Débutants

Felix King

© 2018, Felix King

Tous droits réservés

Edition : BoD - Books on Demand

12/14 rond-point des Champs Elysées

75008 Paris

Imprimé par BoD – Books on Demand, Norderstedt

ISBN : 978-2-3221-1906-6

Dépôt légal : 04-2018

4

Introduction

En achetant ce livre, vous accepter entièrement cette clause de non-responsabilité.

Aucun conseil

Le livre contient des informations. Les informations ne sont pas des conseils et ne devraient pas être traités comme tels.

Si vous pensez que vous souffrez de n'importe quel problème médicaux vous devriez demander un avis médical. Vous ne devriez jamais tarder à demander un avis médical, ne pas tenir compte d'avis médicaux, ou arrêter un traitement médical à cause des informations de ce livre.

Pas de représentations ou de garanties

Dans la mesure maximale permise par la loi applicable et sous réserve de l'article ci-dessous, nous avons enlevé toutes représentations, entreprises et garanties en relation avec ce livre.

Sans préjudice de la généralité du paragraphe précédent, nous ne nous engageons pas et nous ne garantissons pas :

• Que l'information du livre est correcte, précise, complète ou non-trompeuse ;

• Que l'utilisation des conseils du livre mènera à un résultat quelconque.

Limitations et exclusions de responsabilité

Les limitations et exclusions de responsabilité exposés dans cette section et autre part dans cette clause de non-responsabilité : sont soumis à l'article 6 ci-dessous ; et de gouverner tous les passifs découlant de cette clause ou en relation avec le livre, notamment des responsabilités découlant du contrat, en responsabilités civiles (y compris la négligence) et en cas de violation d'une obligation légale.

Nous ne serons pas responsables envers vous de toute perte découlant d'un événement ou d'événements hors de notre contrôle raisonnable.

Nous ne serons pas responsable envers vous de toutes pertes d'argent, y compris, sans limitation de perte ou de dommages de profits, de revenus, d'utilisation, de production, d'économies prévues, d'affaires, de contrats, d'opportunités commerciales ou de bonne volonté.

Nous ne serons responsables d'aucune perte ou de corruption de données, de base de données ou de logiciel.

 Nous ne serons responsables d'aucune perte spéciale, indirecte ou conséquente ou de dommages.

Exceptions

Rien dans cette clause de non-responsabilité doit : limiter ou exclure notre responsabilité pour la mort ou des blessures résultant de la négligence ; limiter ou exclure notre responsabilité pour fraude ou représentations frauduleuses ; limiter l'un de nos passifs d'une façon qui ne soit pas autorisée par la loi applicable ; ou d'exclure l'un de nos passifs, qui ne peuvent être exclus en vertu du droit applicable.

Dissociabilité

Si une section de cette cause de non-responsabilité est déclarée comme étant illégal ou inacceptable par un tribunal ou autre autorité compétente, les autres sections de cette clause demeureront en vigueur.

Si tout contenu illégal et / ou inapplicable serait licite ou exécutoire si une partie d'entre elles seraient supprimées, cette partie sera réputée à être supprimée et le reste de la section restera en vigueur.

CHAPITRE UN: C'est Quoi Les Blogs?

C'est quoi les blogs? Presque tout le monde a entendu parler du terme mais pas beaucoup de gens savent réellement ce qu'est un blog.

Le mot lui-même est dérivé de la combinaison de deux mots; "web» + "log Quand vous le regardez dans cette lumière, il vous donne une meilleure compréhension de comment les blogs ont commencé. Il s'agit essentiellement du journal d'une entreprise ou d'une personne, ou en d'autres termes, journal officiel, qui est disponible pour tout le monde à voir sur l'Internet.

Le tout premier blog date de 1994 mais ce n'était pas jusqu'à 1999 qu'ils ont commencé à gagner beaucoup de popularité. C'est à cette époque que des services de blogs sont venus en ligne, tels que Blogger et Livejournal. Entre 1994 et 2001, la plupart des blogs personnels ou servi des intérêts d'affaires. À partir de 2001, nous avons commencé à voir des entités politiques établir des blogs et ces dernières années les blogs ont été utilisés comme une alternative de nouvelles.

Pourquoi les blogs sont si populaires ?

Les blogs sont un excellent moyen de partager de nouvelles idées, des pensées, des histoires, des événements, etc. dans un cadre organisé et chronologique.

Tout comme les gens aiment à partager des informations sur des sites comme Facebook, les blogs personnels sont un excellent moyen d'échanger des idées et s'exprimer en détail. Pour les lecteurs, c'est fascinant de voir ce que les autres disent et font et il est amusant d'être en mesure de partager l'expérience en laissant des commentaires dans le blog lui-même.

Les blogs sont populaires auprès des entreprises parce qu'ils peuvent faire des annonces, partager des photos et vidéos et c'est facile à faire. Il aide à bâtir une relation avec les clients et les clients potentiels et peut être une forme puissante de marketing viral gratuit.

Souhaitez-vous commencer votre propre blog ?

Si vous souhaitez créer votre propre blog, je vous recommande vivement d'obtenir un compte gratuit sur Blogger. Il est facile à utiliser et a beaucoup de fonctionnalités et des thèmes que vous pouvez utiliser pour personnaliser votre blog et faire un bon nombre de choses intéressantes.

Si vous voulez avoir un blog professionnel ou souhaitez mettre en place quelque chose pour le long terme, il est préférable d'enregistrer votre propre nom de domaine et d'héberger un blog WordPress sur votre site web. WordPress est le meilleur logiciel de blogging, est totalement libre à utiliser et a des fonctionnalités étonnantes.

CHAPITRE DEUX: Caractéristiques Communes Des Blogs

La plupart des entreprises en ligne aujourd'hui sont très dépendants des services de référencement pour la promotion de leurs sites web. Blogging est l'une des méthodes efficaces pour la promotion de site web. Alors qu'est-ce que le blogging? C'est en fait un acte de faire un blog - une abréviation de 'weblog'. Ce type de site Web est régulièrement mis à jour et comporte des publications de type journal et des liens vers d'autres publications ou sites Web avec des contenus connexes. Le contenu de la plupart des blogs met l'accent sur un sujet particulier, comme l'alimentation saine et les sports. D'autres sont plus personnelles qui représentent les comptes personnels de l'individu au sujet de ses pensées ou de son opinion sur une nouvelle, un événement ou un film particulier.

Mis à part quelques exceptions, les blogs ont certaines choses en commun. L'un d'entre eux est le contenu, qui est une série d'articles ou de messages qui sont généralement disposés dans un ordre chronologique avec le dernier en haut. Les messages sont généralement organisés en catégories. Le contenu du blog varie de personnel comme des observations et des critiques à la politique et aux nouvelles. Certains blogs peuvent avoir plus d'un auteur qui écrit son propre article ou ses articles, mais tous sur le même sujet. Les articles de blog sont généralement composés dans une interface Web intégrée au système de blog. Mais nous avons ce que nous appelons un «logiciel client de weblog autonome» qui permet aux auteurs d'écrire des articles hors ligne et qui peuvent être soumis plus tard. Le contenu est la caractéristique la plus importante du blog, car le contenu est la raison pour laquelle nous faisons du blogging.

Une autre chose trouvée dans la plupart des blogs est la boîte de commentaire, où les gens peuvent laisser leurs commentaires concernant le poste. Cette fonctionnalité rend le blog interactif parce que les lecteurs sont en mesure d'exprimer leurs impressions sur ce que l'auteur écrit et à son tour l'auteur peut ajouter sa réponse. Il y a aussi ce que nous appelons «pingbacks» ou «trackbacks» où les auteurs d'autres blogs peuvent laisser un commentaire même sans visiter le blog. Encore d'autres fonctionnalités d'un blog sont des archives de messages plus anciens basés sur des dates comme les archives mensuelles ou annuelles, blogroll (la liste des liens vers d'autres blog ou site web) et aussi un ou plusieurs flux comme les fichiers RDF et RSS.

Certains blogs peuvent avoir d'autres caractéristiques en dehors de ce qui a été mentionné. Mais au fond, le blogging est tout au sujet de ces fonctionnalités de base. Bloguer est amusant, mais il y a des moments où les blogueurs sont découragés à cause de peu de visiteurs ou de commentaires reçus. Il faut avoir de la patience et savoir comment améliorer son blog pour réussir. À des fins commerciales, il existe déjà de nombreuses entreprises qui offrent différents services de référencement qui incluent des blogs. Ces services sont très utiles dans la promotion des affaires en ligne.

CHAPITRE TROIS: Comment Créer un Blog WordPress Pour Votre Opportunité d'Affaires Sur l'Internet

Un blog est un type de site Web maintenu au moyen d'entrées régulières de commentaires, de descriptions d'événements, de graphiques ou de vidéos. Un blog est une méthode très simple pour promouvoir votre opportunité d'affaires sur l'Internet avec un contenu pratique et précieux; contenu qui peut être appliqué à toute entreprise, que ce soit en ligne ou hors ligne.

Le contenu écrit que vous publiez sur votre blog est appelé «article de blog». Vos articles de blog peuvent apparaître dans les résultats du moteur de recherche de Google pour des mots clés spécifiques qui sont dans vos messages. Par exemple, si vous avez écrit un article sur "la différence entre les ventes directes de haut niveau et MLM", votre blog pourrait apparaître dans les résultats de Google lorsque quelqu'un recherche "les ventes directes de premier niveau". Les articles de blog sont généralement affichés dans l'ordre chronologique inverse.

Les blogs fournissent des commentaires sur un sujet particulier ou peuvent fonctionner comme un journal en ligne plus personnel. Un blog classique combine du texte, des images et des liens vers d'autres blogs, pages Web et autres médias liés à son sujet. La possibilité pour les lecteurs de laisser des commentaires est un élément important de nombreux blogs. La plupart des blogs sont généralement des textes, bien que la plupart comprennent également des photographies et des vidéos. Le microblogging est un autre type de blogging, avec des messages très courts.

La liste suivante fournit des statistiques incroyables et l'importance d'un blog pour le marketing Internet d'aujourd'hui.

Statistiques de la Blogosphère

- 133 000 000 - Nombre de blogs indexés par Technorati depuis 2002
- 346 000 000 - nombre de personnes qui lisent des blogs dans le monde (COM Score mars 2008)
- 900 000 - Nombre moyen de posts sur une période de 24 heures

Il existe différents types de blogs, qui diffèrent non seulement par le type de contenu, mais aussi par la façon dont le contenu est livré ou écrit. On trouvera ci-dessous quelques exemples :

Blogs Personnels

Le blog personnel et traditionnel est la forme la plus courante d'un blog. C'est un journal en cours ou un commentaire par un individu. Peu de blogs personnels deviennent célèbres, mais certains blogs personnels acquièrent rapidement un large public. Le microblogging est une forme de blog personnel extrêmement détaillé qui cherche à capturer un moment dans le temps. Des sites tels que Twitter et Facebook permettent aux blogueurs de partager instantanément leurs idées avec leurs amis et leur famille et sont beaucoup plus rapides que l'envoi d'e-mails ou d'écrire.

Blogs Corporatifs et Organisationnels

Un blog peut être privé ou il peut être utilisé à des fins commerciales. Les blogs utilisés à des fins de marketing, de branding ou de relations publiques s'appellent des blogs d'entreprise. Des blogs similaires pour les clubs et les sociétés s'appellent des blogs de club, des blogs de groupe, etc .; généralement utilisé pour informer les membres et les parties intéressées des activités du club et des membres.

Par Intérêt

Certains blogs se concentrent sur un sujet spécifique, comme les blogs politiques, les blogs de voyage, les blogues de maison, les blogs de mode, les blogs d'éducation, les blogs de musique, les blogs légaux, etc. Deux types de blogs de genre sont des blogs d'art et de la musique.

Par Type de Média

Un blog comportant des vidéos s'appelle un vlog, l'un comprenant des liens s'appelle un linklog, un site contenant un portfolio d'esquisses s'appelle un sketchblog ou celui comportant des photos s'appelle un photoblog. Les blogs avec des messages plus courts et des types de médias mixtes sont appelés tumblelogs.

Un blog est avant tout un site web qui vous permet d'ajouter rapidement et facilement du nouveau contenu quand vous le souhaitez. Les blogs sont faciles à publier (vous n'avez besoin que de savoir comment taper, facile à trouver (votre public peut facilement trouver votre contenu), social (une excellente façon de s'implanter dans la communauté en ligne), viral (les messages de votre blog peuvent être viralement distribués), et facile à lier vers et de. Les blogs nécessitent une maintenance fréquente et continue en ajoutant du nouveau contenu - écriture, photos, vidéo, etc.- est nécessaire pour qu'un blog reste efficace. Le contenu doit être pertinent, informatif, provocateur, etc ...

Il y a beaucoup de différentes plates-formes de blogs. Si vous êtes nouveau au blogging, WordPress.com est une plate-forme très simple pour la facilité d'installation. WordPress offre de la flexibilité, des tutoriels et du support technique et vous pouvez facilement migrer votre contenu d'une plate-forme de blogging à une autre si vous décidez de changer de plateforme à l'avenir. Sachez que WordPress.com peut placer des annonces sur votre site Web. Cependant, cela peut être évité si vous choisissez d'utiliser WordPress.org en payant pour votre hébergement, ce qui est très minime en coût, vous gagnez le contrôle total de tout votre contenu sans publicités non sollicitées. Et surtout, vous évitez le risque de ne jamais être suspendu.

Étapes à suivre pour commencer votre expérience de blogging:

- Inscrivez-vous pour un compte WordPress
- Sélectionnez un thème
- Sélectionnez un compte d'hébergement (cela peut être fait plus tard)
- Écrivez votre premier article de blog

Façons faciles d'obtenir des idées pour article de blog:

- Écrivez 5 choses que vous avez apprises aujourd'hui, et postez-les sur votre blog.
- Lorsque vous apprenez quelque chose de nouveau, postez-le sur votre blog.
- Lorsque vous faites quelque chose d'amusant, postez-le sur votre blog.

- o Lorsque vous créez une vidéo, publiez-la sur votre blog.
- o Lorsque vous prenez de nouvelles photos, publiez-les sur votre blog avec une description de ce que vous avez fait.
- o Lorsque vous avez une opinion forte sur quelque chose, postez-la sur votre blog.
- o Lorsque vous soumettez un nouvel article ou un communiqué de presse, postez le lien avec un bref résumé sur votre blog.
- o Si vous avez la solution à un problème commun dans l'industrie, faites un article de blog.

- "Pingez" le

Lorsque vous "pingez" votre blog, vous informez les moteurs de recherche que vous avez un nouveau contenu sur votre blog.

- o Première Étape: Allez sur Pingomatic.com
- o Deuxième étape: Saisissez le nom et l'URL de votre blog.
- o Troisième étape: Cliquez sur tous les services de blog pour Pinger.
- o Quatrième étape: Assurez-vous de pinger chaque fois que vous mettez à jour votre blog avec un nouveau contenu.

- Gérer les Commentaires

Les commentaires sont bons; cela signifie que vous avez des lecteurs actifs. Faites un point pour répondre à vos lecteurs qui prennent le temps de laisser un commentaire. Si quelqu'un fait un commentaire général, vous pouvez toujours répondre "Merci pour vos commentaires. Ils sont appréciés. " Si vous n'êtes pas d'accord avec un commentaire d'un de vos lecteurs informez-les de la raison POUR LAQUELLE vous n'êtes pas d'accord. Ne soyez pas défensif ou conflictuel. Soyez ouvert à participer à la conversation et soutenez votre opinion d'une manière rationnelle et efficace. Rappelez-vous, vous voulez donner à vos lecteurs une raison de revenir régulièrement sur votre blog.

Vous êtes maintenant en voie de devenir un blogueur professionnel. Voici quelques conseils de base et des astuces.

- Ne jamais plagier. Si vous citez le contenu d'une autre source n'oubliez pas de citer vos références et d'inclure tous les liens appropriés.

- Soyez toujours vous-même et soyez original.
- Partagez vos opinions.
- Évitez les clichés.
- Fournissez du Contenu Frais
- Fournissez un contenu réel, pas seulement des argumentaires de vente. Les articles de votre blog ne doivent pas ressembler à des argumentaires de vente. Vous devriez partager des pensées, des idées et des opinions précieuses avec vos lecteurs. En règle générale, dans les blogs et le marketing en général, vous devrez fournir un contenu de 80% pour chaque argumentaire de vente de 20%.
- Engagez un dialogue constructif avec vos lecteurs à travers des commentaires. Votre audience augmentera au fur et à mesure que vos lecteurs partageront votre blog avec leur cercle d'influence et ils seront plus

enclins à le faire si vous prenez le temps de reconnaître leur intérêt pour votre blog.

- Lorsque vous partagez vos opinions, pensez à cadrer vos pensées de telle sorte que vous reconnaissiez que vous pourriez avoir tort. Si vous trouvez que vous êtes proche d'idées nouvelles ou d'autres points de vue, vous courez le risque de détourner vos lecteurs. Cependant, si vous posez vos opinions d'un point de vue «voici ce que je pense en ce moment», vous pourriez encourager un débat sain dans vos commentaires. Cela dit, certains des blogs les plus réussis sont très controversés et opiniâtres sans désapprobation.
- Consultez les autres blogs. Examinez d'autres styles de blogger et découvrez ce que vous aimez et ce que vous n'aimez pas.

Voici quelques suggestions plus avancées:

1. Étiquette de Blogging

Lorsque vous incluez un lien vers un autre site dans votre blog, WordPress envoie automatiquement un "ping" à ce site pour les informer que vous venez de les lier. Si les deux blogs sont sur la même plate-forme, vous devriez voir une référence à votre lien rétrolien dans la section des commentaires. Lorsque quelqu'un renvoie à votre blog, vous devriez toujours aller voir leur blog et ensuite laisser un commentaire réfléchi et intelligent sur leur blog. Inclure l'URL de votre blog avec votre nom dans le commentaire et cela favorisera non seulement la communication bidirectionnelle entre vous et l'autre blogueur, mais encouragera également leurs lecteurs à consulter également votre blog.

2. Soumettez vos blogs aux sites Web 2.0

Vous pouvez obtenir des classements à des articles de mots clés spécifiques avec le mot clé en soumettant votre message à tous les sites Web 2.0 avec un service appelé Socialmarker.com. Après avoir saisir votre titre, votre URL, vos descriptions, votre nom d'utilisateur et votre mot de passe sur chaque site, Socialmarker soumettra votre message à 20 à 30 sites Web 2.0 pour vous avec une seule touche.

3. Optimisez Votre Blog Pour les Moteurs de Recherche

Si vous avez un message que vous voulez faire remonter dans les résultats du moteur de recherche, vous voulez avoir vos mots-clés dans le titre de votre message, dans le premier paragraphe et dans le paragraphe de conclusion ou de conclusion.

Une astuce simple pour inclure votre mot clé ou phrase clé dans votre titre est de créer un titre tel que "Comment trouver / faire (insérer un mot clé)".

Au fur à mesure que vous deveniez compétent avec les blogs, vous voudrez peut-être envisager de faire de la publicité sur votre propre blog. Pour ce faire, vous devrez créer un blog auto-hébergé, c'est-à-dire WordPress.org. Cela permettra de placer votre propre texte ou bannières publicitaires sur votre site ou de profiter d'un réseau publicitaire tel que Google AdSense. Un site WordPress.org auto-hébergé vous fournira également beaucoup plus de flexibilité avec les options de mise en page, de conception et de publicité sur votre blog.

CHAPITRE QUATRE: Des Raisons Convaincantes Pour Commencer Votre Blog Aujourd'hui

Beaucoup d'entre nous ont commencé un blog avant même que nous soyons sérieusement impliqués dans nos efforts pour gagner de l'argent en ligne.

Il y a quelque chose de spécial à pouvoir partager vos pensées sous la forme d'un blog.

Une fois que vous êtes profondément impliqué dans une activité commerciale en ligne, vous commencez à réaliser qu'un blog fait partie intégrante d'une entreprise en ligne. Un blog peut ouvrir beaucoup d'opportunités.

La chose est, n'importe qui, indépendamment de leur station dans la vie, peut commencer un blog. Quel que soit votre parcours, vous pouvez bénéficier d'un blog.

L'augmentation de la popularité des blogs est directement liée à la sensibilisation du public à quel point avoir votre propre blog peut vous aider.

Voici quelques raisons responsables de l'apparition de tant de nouveaux blogs.

1. Le Concept de Base de Blog est Facile.

Le concept de base et la mise en place d'un blog est extrêmement facile. Vous n'avez plus besoin de compétences en conception de site Web pour générer une présence en ligne. Bloguer est tellement facile. Avec la grande disponibilité de thèmes et d'outils de site Web, créer et maintenir un blog est vraiment facile de nos jours.

Cependant, de nombreux blogueurs potentiels sont toujours retenus en raison de la peur du manque de capacité d'écriture. Vous n'avez pas besoin d'avoir un diplôme en français, ou prendre des cours d'écriture pour commencer avec votre propre blog.

De nombreux nouveaux blogueurs et blogueurs expérimentés utilisent beaucoup les graphiques. Ils peuvent utiliser leurs propres photos ou utiliser des œuvres d'art accessibles au public.

Quoi qu'il en soit, les photos améliorent votre histoire, tout en réduisant votre besoin d'écrire du texte.

La Promotion de Blog est Facile. Vous pouvez lire sur certaines stratégies promotionnelles de base, et vous pouvez apprendre le référencement de base pour augmenter votre lectorat.

2. Le Blogging Met en Valeur Vos Compétences Particulières

Ces jours-ci, les gens dans un certain nombre de professions et d'entreprises se rendent compte de l'importance de la publicité de leurs compétences. C'est une forme d'autopromotion valable.

Avoir votre propre blog vous fournit une excellente plateforme pour que les gens puissent vous connaître. Vous êtes le patron de votre blog, vous avez donc la possibilité de vous présenter honnêtement, mais aussi sous votre meilleur jour.

Certaines personnes ont un don pour l'écriture. Cela apparaîtra dans leurs articles de blog, et peut conduire à des opportunités d'emploi ou d'affaires dont ils n'ont jamais rêvé.

Plus important encore, un blog est un excellent moyen d'afficher votre expertise, de vous établir comme une autorité dans votre domaine d'intérêt. Lorsque vous partagez vos conseils d'expert, vous pouvez aider beaucoup de gens et les amener à vous aimer et à vous faire confiance.

3. Amener les Gens à Savoir Qui Vous Êtes

Quel que soit le domaine dans lequel vous vous trouvez, qu'il s'agisse d'une entreprise ou d'une profession, vous pouvez énormément en tirer profit en obtenant votre nom devant des milliers, voire des millions de personnes. Un blog est un excellent véhicule pour l'autopromotion.

4. Mettre en Valeur Votre Personnalité

En ayant votre propre blog, vous contournez un problème typique des spécialistes du marketing en ligne, c'est-à-dire, attacher un visage et une personnalité à une entreprise en ligne. Les gens préfèrent traiter avec d'autres personnes, plutôt que des sociétés impersonnelles.

Votre propre blog sera beaucoup plus efficace que les médias sociaux pour faire savoir aux gens qui vous êtes et ce que vous faites.

Cela vous donne des moyens illimités d'exprimer votre personnalité. La personnalité est si importante qu'elle peut même humaniser les grandes entreprises, si elle est faite de la bonne façon.

Vous pouvez voir pourquoi tant de gens se tournent vers leurs propres blogs, que ce soit pour des raisons personnelles ou professionnelles. Commencez votre propre blog aujourd'hui!

CHAPITRE CINQ: Comment Commencer à Gagner de l'Argent Avec Blogging et AdSense

Que pensez-vous de Blog Marketing? Ce n'est pas si difficile. Aujourd'hui, je vais vous montrer comment vous pouvez gagner de l'argent avec Blogging.

Blogger

Blogger est l'une des meilleures plateformes de blogs disponibles sur la planète. Cette plate-forme est une personne qui n'a pas besoin de fonctionnalités sophistiquées et qui a juste besoin de partager un contenu bien informé. Vous pouvez commencer avec un modèle dynamique qui est l'un des meilleurs et des plus fiables et stables que vous ayez jamais créés. Google a fait un travail phénoménal avec ces modèles et ils sont prêts pour AdSense. Avec le modèle dynamique, vous verrez trois fois plus de vues de pages, les gens passent quatre fois plus de temps sur le blog et les revenus publicitaires sont presque le double par rapport aux modèles normaux.

Domaine

Aucun blog sérieux ne pourra gagner de l'argent sans un domaine unique. Avec Blogger, vous pouvez acheter un domaine pour une année pour aussi peu que 10 $. Ce n'est rien vu que vous pouvez récupérer l'investissement dans quelques jours avec Google AdSense. Le domaine devrait refléter le sujet du blog. Par exemple, si vous voulez un blog sur les voitures, vous pouvez combiner le mot-clé "voiture" avec votre nom pour créer un domaine unique.

Google AdSense

Le meilleur réseau de publicité utilisé par environ 80% de tous les blogs qui génèrent de l'argent en utilisant des réseaux publicitaires. Google AdSense a des avantages que les autres réseaux publicitaires n'ont pas. Le premier est qu'il a le plus grand bassin d'annonceurs grâce au succès de Google AdWords. Cela permet à Google de diffuser les annonces les plus ciblées dans environ 99% des cas, grâce à la quantité d'annonces diffusées par les annonceurs. Le deuxième avantage est que la concurrence est si féroce que les annonceurs augmentent le prix par clic chaque semaine pour maintenir le trafic. Le troisième avantage est que Google dispose de la meilleure technologie au monde pour afficher uniquement les annonces pertinentes que les internautes trouvent utiles. Vous verrez rarement des annonces sur les motos dans un blog sur les voitures. Insérez toujours les annonces là où elles seront vues, même plus que le contenu. Cela n'a aucun sens d'insérer un petit bouton d'annonce au fond où personne ne le voit; cela ne convertira tout simplement pas en des clics.

Facebook

Les blogueurs qui ont quelques milliers d'amis ont littéralement de l'argent dans leurs comptes Facebook en attente d'être retirés en utilisant un blog avec Google AdSense. Chaque nouveau message que vous écrivez sur votre blog doit être posté sur le mur Facebook pour attirer le trafic instantané. Comme seules les personnes intéressées peuvent cliquer sur le lien, le trafic est de haute qualité. Un autre geste intelligent consiste à publier le contenu de votre blog à des groupes liés au sujet. Toujours poster aux groupes avec plus de mille membres pour une exposition maximale.

Comme vous le voyez, le marketing de blog est facile. Tout ce dont vous avez besoin est une excellente idée, de l'argent pour acheter le domaine, AdSense, Blogger et Facebook et l'argent commence à venir. Votre objectif est maintenant d'écrire du contenu intéressant tous les jours pour garder vos lecteurs heureux et le contenu qui est riche en mots clés pour que Google AdSense affiche les annonces les plus pertinentes sur votre blog.

Bien que les blogs soient populaires depuis de nombreuses années, en particulier pour ceux qui veulent un débouché pour leurs émotions, ce n'est que depuis quelques années que les gens gagnent de l'argent en bloguant. Les spécialistes du marketing l'ont utilisé pour créer un revenu substantiel en ligne. En fait, aujourd'hui, les blogs peuvent être considérés comme l'un des meilleurs outils du marketing sur l'internet.

Blogging est un terme abrégé pour "Web Log". C'est un journal en ligne. Il peut être configuré sans rien coûter du tout. Il peut être utilisé pour s'amuser ou pour gagner de bonnes sommes d'argent en ligne.

Bloguer pour votre entreprise Internet est un moyen infaillible pour améliorer la visibilité de vos produits et services. Voici quelques moyens de booster votre publicité sur Internet à l'aide d'un blog:

Utilisez votre blog pour annoncer tous les nouveaux produits ou services que votre entreprise offre maintenant.

Un blog peut être utilisé comme un moyen d'enseigner aux autres sur des sujets dont vous êtes un expert.

Lorsque vous utilisez le blog comme outil interactif, vous pouvez obtenir des commentaires de vos lecteurs sur vos idées.

Les blogs facilitent l'obtention de backlinks car ils sont si interactifs, contrairement à une page Web statique.

Les liens d'affiliation pourraient également être inclus dans votre blog pour gagner plus de revenus supplémentaires.

Les blogs vous permettent de jauger les opinions des lecteurs sur votre produit et vous donner des idées sur la façon de créer quelque chose qui répond à un besoin.

Une façon d'améliorer encore plus votre trafic de blog est de recommander les blogs des autres et d'obtenir des backlinks réciproques.

Mettre en place un blog est très facile. Vous pouvez simplement vous inscrire à un blog ou vous pouvez créer votre propre blog.

Une fois votre blog configuré, vous pouvez l'utiliser comme plate-forme pour annoncer votre entreprise.

Un moyen très simple de configurer votre blog si vous ne voulez pas dépenser de l'argent est d'aller sur un site d'hébergement et de suivre leurs simples instructions. LiveJournal.com et Blogger.com sont très populaires et ont corrigé tous les problèmes dans leur système. Ils sont très conviviaux.

Cependant, les meilleurs blogs sont des blogs auto-hébergés WordPress, qui vous procurent le plus de trafic de Google et qui ont de nombreux plug-ins. En fait, un blog WordPress est bien meilleur qu'un site web ordinaire car il attire plus l'attention des moteurs de recherche Google et plus de vos articles de mots clés sont indexés sur ce moteur de recherche gigantesque. WordPress vous aidera à gagner de l'argent en bloguant.

5 Façons de Gagner de l'Argent Avec un Blog

Si vous avez un blog ou pensez à commencer un finalement, gagner de l'argent supplémentaire peut être votre cible.

Il existe plusieurs façons de gagner de l'argent avec un blog, mais il est de votre devoir de déterminer lequel sera le mieux pour votre entreprise en ligne.

Aujourd'hui, je tiens à souligner quelques sources de revenus que vous pouvez imaginer pour déterminer quel pourrait être le meilleur moyen pour vous de faire un peu d'argent avec votre blog.

Vous pouvez utiliser une source unique ou utiliser plusieurs sources.

Il vaut mieux en maîtriser un et passer au suivant.

Au fil du temps, votre blog peut avoir plusieurs flux de revenus à venir et vous pouvez pratiquement avoir votre blog fonctionné sur le pilote automatique recevant plusieurs chèques mensuels.

5 Façons de Gagner de l'Argent Supplémentaire par le Blogging

1. Payer Par Clic et Payer Par Annonces d'Impression

C'est probablement le moyen le plus populaire de gagner de l'argent avec un blog.

Le concept est assez simple, mais prend du temps pour apprendre.

Pour les annonces au paiement par clic (PPC), vous gagnez de l'argent chaque fois qu'un internaute clique sur une annonce placée sur votre blog.

Vous l'établissez et fournissez le trafic à votre blog.

Vous et l'annonceur de l'annonce sur votre blog serez d'accord à l'avance sur le coût par clic.

Vous trouverez généralement que les produits et services qui coûtent le plus souvent ont un coût par clic plus élevé.

Plus vous obtenez de clics, plus d'argent vous gagnez.

La publicité payée par impression vous paie en fonction du nombre d'impressions générées par votre blog.

Généralement, vous serez payé un certain montant d'argent par 1 000 impressions.

Une impression est le nombre de fois qu'une annonce a été affichée qu'elle soit cliquée ou non.

Chaque fois qu'une annonce est affichée, elle est comptée comme une seule impression.

Les deux publicitaires payer par clic et payer par impression peuvent être utilisés comme des bannières ou d'annonces textuelles.

Habituellement le plus de trafic que vous obtenez sur votre blog le plus d'argent vous allez générer avec cette forme de monétisation de votre blog.

Cette méthode peut être utilisée une fois que vous bâtissez un bon nombre de lectorat et peut être utilisé comme un moyen de gagner une bonne somme d'argent au fil du temps.

2. La Publicité Directe

La publicité directe sera semblable à payer par clic et payer par annonces d'impression à votre trafic, mais cela fonctionne très différemment pour vous.

Au lieu de gagner de l'argent en fonction des vues ou des clics, vous vendez de l'espace publicitaire aux annonceurs à un prix fixe.

Vous et l'annonceur pouvez convenir à un prix et un délai pour la durée de diffusion de son annonce sur votre blog.

Si vous recevez beaucoup de trafic sur votre blog, vous pouvez facturer davantage aux annonceurs.

Vous pouvez vendre des annonces directement aux annonceurs si vous avez une liste ou si vous pouvez vendre des annonces sur les marchés qui vous connectent à eux, comme BuySellAds.

Ces marchés prennent généralement une commission pour vous réunir, mais cela réduit également la quantité de travail que vous avez à faire pour les rechercher.

3. Programmes d'Affiliation

Il existe de nombreux programmes d'affiliation, vous pouvez vous joindre pour offrir des produits et services sur votre blog.

En vous inscrivant en tant qu'affilié à ces programmes, vous pouvez gagner une commission pour chaque vente que vous générez.

Cela a été très rentable pour de nombreux blogueurs et spécialistes du marketing en ligne.

C'est l'un des moyens les plus faciles de faire de l'argent supplémentaire si vous mettez en place la bonne stratégie de marketing.

Avec votre blog, il peut être mentionné ou recommandé à vos visiteurs comme un moyen de résoudre leurs problèmes.

Chaque fois que vous pouvez mentionner quelque chose que vous pouvez vendre, vous devriez voir s'il existe un programme d'affiliation là-bas pour cela.

Il suffit d'ajouter un lien à vos publications, vidéos ou avis pour rentabiliser votre projet.

4. Avis Sponsorisés

Comme mentionné précédemment, l'une des façons de faire de l'argent supplémentaire avec votre blog est avec des commentaires sponsorisés.

Les annonceurs recherchent des personnes pour promouvoir leurs produits ou services avec des critiques positives.

Vous pouvez être payé en écrivant des critiques ou en recommandant des produits pour les annonceurs.

Si c'est un produit que vous avez confiance et que vous avez utilisé, vous pouvez exprimer combien il peut aider vos lecteurs.

Vous devrez toujours être digne de confiance et ne faire que promouvoir des choses auxquelles vous croyez.

Atteindre les annonceurs pour promouvoir leurs produits peut vous obtenir des produits gratuits pour tester et promouvoir s'ils fonctionnent.

Cela peut être utilisé comme un excellent moyen d'apprendre et de gagner en même temps.

5. Promouvoir Vos Propres Trucs

L'un des moyens meilleurs et les plus lucratifs pour faire des blogs supplémentaires est de créer et de promouvoir vos propres produits et services.

Si vous prenez le temps de constituer un arsenal de fans fidèles, vous pouvez vraiment gagner de l'argent avec vos propres moyens.

C'est ainsi que les grands blogueurs et les marketeurs font la majorité de leur argent.

Prenez le temps de construire votre blog à un lectorat raisonnable et vous pouvez le configurer là où les gens viennent à vous pour l'information qu'ils recherchent.

Si vous cherchez des moyens de gagner de l'argent, c'est probablement le meilleur.

Il faudra du temps pour arriver à ce point, mais une fois que vous le faites, combiné avec d'autres stratégies, vous pouvez faire une somme d'argent raisonnable en ligne.

Démarrer un blog va prendre du travail et du dévouement.

Tout comme toute entreprise, la gestion de votre propre entreprise en ligne peut être lucrative pour vous si vous le prenez au sérieux.

J'ai discuté de quelques façons de faire de l'argent supplémentaire avec un blog et j'espère qu'avec le temps, vous pouvez monétiser votre blog pour compléter ou remplacer entièrement votre revenu.

Vous ferez des erreurs, mais en ayant un plan de jeu stable ou en travaillant sur ce plan, vous pouvez utiliser ces moyens pour gagner de l'argent pour n'importe quel but que vous pourriez avoir dans votre vie.

Le succès ne se produira pas du jour au lendemain, mais respectez-le et faites de votre mieux pour utiliser toutes ces façons de faire de l'argent supplémentaire en ligne au fil du temps et prendre votre entreprise au niveau suivant.